有效的讀書方法

小林良彰◎著

陳麗惠◎譯　蔡嘉驊◎圖

序　言

　　沒有一件事情比小孩子的教育更困難的了。這個世界上有不少本身非常有成就的人，卻因小孩子的教育方法失敗，而變得一敗塗地。那意味著，小孩子的教育比有成功的人生更要困難多了。或者大概也可以說成功的教育小孩子這件事本身就占據著成功人生的重要部分。正因為如此，有許多人談論教育、出版許多教育方面的書籍，家長們則詢問種種意見，來對小孩子作實驗。

　　但是，人生無法重新來過。家長的人生和小孩子的人生都只有一次，無法反覆作實驗。在人生之中，是沒有所謂「假定這樣做了的話，就……」的假設。家長如果抱著作實驗的打算，採取某種教育方針教育小孩，十年之後，即使反省得知那是錯誤的，小孩子也已經被塑造成

型，無法修正了。如果貫徹「不要說謊話」的教育方針，也許能夠培養出誠實的人；但是，太過老實也許無法適應大人的社會。如果教他「說謊話有時也是一種權宜之計」，小孩也許會變得超出家長所想像的會說謊，令人傷透腦筋也說不定。

由一件事可以推測全部。沒有任何一件事比家長完全相信某種不負責任的教育方針，而將這種教育方針灌輸給孩子更糟糕的了。然而，家長或許是從書本中獲得這種教育方式。但是，那些討論教育的書籍，很多都是為了譁眾取寵和迎合時代潮流所寫的。

例如：有些人認為放任主義好；或不必要強制孩子念書；或家長要捨棄指導者的立場，擺出像孩子的朋友般的姿態比較好；或不可以責罵孩子之類的意見。相反的，

也有人主張嚴格的教育；或推出像在戰爭中我們被灌輸的道德論那般的東西。另外，也有一些書向那些期望孩子成績進步的家長提出這樣做好、那樣做好的忠告。大部分這一類的書都會讓人有一種期待，認為只要摸到某種訣竅，似乎不用努力，前景仍然一片大好。就如同相信符咒一般，多數的人會飛撲過去，緊緊抱住不放。但是，如果教育和念書是如此簡單的話，那麼誰也不用受苦。況且，孩子真的被灌輸那樣的教育，或許反而為難。經過多思慮後，我們可以說，這類不負責任、片面的教育觀的橫行，將來會給多數的孩子留下災難的根源。

為了達成所有家長的共同願望，教養出優秀的孩子，要怎麼做才好呢？本書的出發點是站在人應該盡最大可能成為優秀的人材，應該盡最大的可能來開發孩子潛

在的能力，提出一些可行的方法。假使有人批評這是英才教育論或是資優教育論，那是不合道理的。我們的教育水平、技術水準在世界各國中算是高的，這是促使我們繁榮的一個要素。而且，一到能源危機的時代，像我們這種資源貧乏的國家，如果沒有充分活用高的教育水準、技能水準，就無法生存下去。處在這樣的環境，如果對於想要使孩子們的學習能力增強的主張提出強烈批評的話，多少有點偽善的味道。讓我們排除偽善，來面對如何提高每一個學生的成績，盡可能讓他們運用內在的能力，將他們培養成優秀的學生。人的能力到了三十歲左右就差不多定型，換句話說，在國中生、高中生的時期，那個基礎就大致固定下來了。正好和長大成人之後才拚命反覆練習鋼琴也沒有什麼效果一樣，英文、數學、物理等，一旦長大成人就

會忘記。但是,學習這些科目的能力,以及此階段所鍛鍊出來的頭腦反應力,卻會留給我們一輩子,能夠讓我們在社會生活中,受用無窮。正因為如此,這個時期是重要的。

對於這樣的問題,每天的努力是必要的。那種不必努力的「訣竅」,或像符咒般的方法是不存在的。不管你的能力多麼優秀,也要靠「七分努力,三分天才」來維持。並不是沒有那種不必努力的能力,這是屬於「天才型」的人物所有的,但若不努力,這樣的才能也無法發揮,何況我們這種泛泛之輩。若我們相信這種「訣竅」的話會非常危險,或者說失敗的機率大而成功的機率小,這樣的情況是不應該考慮的。本書把努力視為最重要的美德,並且針對這個方向而寫的。即使努力,也有錯誤的努

力、白白地努力，如何避免無謂地努力，朝向有效地、正確的努力是一個大問題。

　　本書針對學生念書時應該有的努力方法，並且以話家常般的形式來寫。一般而言，大部分的學生都是從某個師長或同學那裡得到教導然後去實行的。所以，我基於學生不會想要自己從各種書籍上找出念書的方法，實際上家長應該如此從旁教導的狀況，當作一個模範來寫的。

　　我以前拚命努力用功的時候，試著去實行從老師和同學那裡聽來的教導，採取其中有效的，丟棄無效的，自然得出來一個方針。在我所聽到的教導之中，有的方法是從學長口傳給學弟而來的。正因為如此，在念書方面獲得很大效益的人們，理應是實行和這本書上所寫的相近的方法。我在求學期間，看了朋友的念書方法，也確認了這些

方法有效。而且，我在對國中生、高中生作個別指導時，也讓他們實行這些方法，使他們的成績進步了。那意味著，在本書中所介紹的念書方法，可以說是集人間智慧之大成，經得起時間考驗的。因此，如果家長們能以這樣的念書方法從旁指導，讓孩子耐心地做的話，一定能夠引導出孩子潛藏的能力，使成績進步。

　　如果我的方針對於正在苦惱指導孩子的問題的家長、和遇不到合適的指導者、正迷失於尋求努力的方向的學生能夠有所幫助的話，那就是最令我高興的一件事了。

目  次

你也能成為
優秀的人才

　　現在正在看這本書的你，如果每天照著以下所寫的方法去做，就能將現在的成績提高百分之五十或是一倍以上。縱使現在被人家說是庸才，一、兩年以後大概也能變成優秀的人才，而受到自己和他人的肯定。

　　可能有不少人會說：「我怎麼可能會成為優秀的人才！」但是，任何人都沒有必要放棄希望。所謂優秀的人才和天才，是在成為優秀人才和天才之後才被加封的，並不是在小的時候就已經事先被決定好的。我也是從東京大

你也能成為優秀的人才

學畢業的，但是在高中二年級時，我向伯父說：「我想考東京大學。」，伯父就認為：「東京大學是集合全國最優秀人才的地方，哪裡會接納像你這樣的傢伙呢？」而一笑置之。

情形就是這樣，所謂成績這種東西，如果不試著努力看看是不會知道的。所以沒有人能知道，現在自認為沉淪於庸才堆中的你，什麼時候會成為優秀人才。成為優秀人才的可能性隨時都有，而且誰會成為優秀人才也沒有事先就被決定好了道理。那意味著最好是相信未來會有成果而加以努力。

然而，大人們常說「只要努力」、「努力不夠」之類的話，那是很好的事情。但是，事實上只靠努力還不

行，在努力之中也有一種「無謂的努力」。即使這種無謂的努力反覆做了一百萬遍，成績也不會變好。「努力的方法」才是一個「大問題」，本書的目的就是要探討這一個大問題。

　　我沒有上過補習班，也沒有請過家庭教師，完全是靠自己念上來的。當然，如果說都沒有接受過任何人的指導的話，那是騙人的，與事實不合。關於念書的方法，那是在和老師及學長所作的談話之中得到的，若覺得的確有道理的方法就去實行，實行效果好的話，就採用那種方法來念書。因此，在此介紹的念書方法並非全都是我發明的，而是我用我自己的方式，將由許多位

你也能成為優秀的人才

長輩那兒聽來的念書的辦法，歸納整理出來的東西。至於這些方法是不是有效呢？由於這是由自己的實際經驗得來的，所以有把握說是有效的。而且，我有許多以家庭教師的身分使學生成績進步的經驗，也有不少被請託教授念書方法而提高學生成績的實際成果。

有一個從鄉下來的學生，報考了東京地區幾個理科大學，但全部落榜。我受託當了一年這個學生的家庭教師，我用我自己那一套念書方法教他，第二年他就考取了所有與第一年報考的相同大學而欣喜萬分。還有，我回鄉下老家時，有一個高中生與他的父母親來找我，說他想考大阪、神戶一帶的國立大學，但是成績不太好。那時我也還是一個大學生，我就把數學要這樣念、英語和國文要這

樣念、考前社會科要這樣念的方法一一地說明給他聽。兩年後，那位母親向我道謝說：「自從讓你教了念書的方法之後，成績就突飛猛進，託你的福，現在他已考上理想中的大學了。」

　　我有許多類似這樣的經驗，所以我認為你可以信任我在此介紹的念書方法，剩下來的就只有每天繼續實行這些方法所需的堅強意志力而已了。

　你也能成為優秀的人才

英文的實力和單字的數量成正比

如果說英文的實力是和你所記住的單字數成正比的話，大概並不為過。實際上，就考場上所出現的問題而言，應該會有許多人曾經經歷過「只要知道單字的意思就沒問題了（可惜……）」的經驗。我自己也親身經驗過好幾次這種遺憾。在我以前所上的高中有一位英文老師，在上課之前，一定舉行單字測驗，然後由學生互相評分。這位老師的口頭禪就是「看單字的實力，就可以知道英文的

實力」。

　　那麼記多少單字才好呢？這大概會因個人所考的學校而有所不同吧！如果是以國中基測為目的的話，目標大概是三千個重要單字。就高中學測而言，如果記得住一萬個重要單字，大概就不會有不認識的單字出現。我的經驗也曾是這樣。大略看了一遍考題，如果全是認識的單字，心情就會變得非常輕鬆。這一萬個單字的數字，是我搭火車通學時，偶然從當新聞記者的乘客那兒聽來的。

　　這是在我國中三年級時遇到的事情，記得當時聽到必須記住一萬個單字時，差一點就嚇昏過去。但

　英文的實力和單字的數量成正比

是，我抱著做做看的決心，努力的結果，發覺自己也能做得到。順便也發覺到，這種能力一旦開發了，以後就會變得愈來愈輕鬆。在那之後，我用三個月的時間記下了六千五百個法語的重要單字。

單字應該是每個人都能記得住的。如果要問為什麼，你、我，甚至三歲的小孩子，不是都記得住中文的單字嗎？換句話說，任何人只要反覆練習的話，理應都能記得住。美國和英國的嬰兒要記住的東西，比嬰兒腦筋發達的青少年就沒有記不住的道理。請你懷著自信，開始著手記單字。

　英文的實力和單字的數量成正比

單字的記憶法

　　關於單字的記憶法，依學生而有不同的階段。到國中一年級為止，大概是用將教科書整本背起來的方法，或者是用試著做很多練習題，就能記得住了。但是到了國中二年級以後，只念教科書的話就會有所不足。進了高中之後，如果只記住教科書的單字並不夠用。而且，單字的數量增多，雖然看教科書時以為已經記住了，但是那個單字單獨出現，或者出現在別的文章上時，就會變得認不出來。這只不過是以為記住了的東西，事實上並沒有記住，

而只是由文字前後的關係，模模糊糊地認識而已。也就是說，單字這種東西，如果沒有明確地記住它本身的意義，就不能說是真正的記住了。

在國中二年級左右的學生用單字本（按：即書寫單字的小手冊）來記憶，大概是比較容易進入情況的方法。那個時候我也使用過單字本，不僅攜帶方便，而且在人群中也能拿出來背誦記憶。可是，單字本也有缺點。第一，若看著英文，無意中就會看到側面的中文解釋。由於這個緣故，即使原以為記住了的單字，萬一有只出現該單字的情形，也會陷於「那到底是什麼呢？明明是在那個地方看過的呀！」的窘況。這樣是不行的，

所以單字本應該折成兩半，用風景明信片蓋住一面，要做到只看英文，就能說出中文，而看中文就能寫出英文單字拼音的地步。然後，在已經會了的單字旁邊打上記號，接下來的只練習還不會的單字即可。再有會的單字時，再在旁邊打上記號。這種方法一直繼續做下去。如果全部的單字都打上記號，那本單字本的單字才算全部記住了。這是用單字本記單字最確實的方法，是低年級的學生容易實行的方式。

即使這麼做也還有缺點。那個缺點是什麼呢？那是由於單字本上所出現的單字的順序不變，因此不知不覺當中會照著順序背下去。因為是照順序背下來的緣故，所以實際上並沒有嚴密地記住，所以考試的時候，會發生困擾

的情形。

譬如，從單字本的上方開始，左邊寫dog，右邊寫狗；接下來一欄寫cat，貓。這樣的話，縱使在不知道英文單字的情況下，也會因為腦中記得狗的下一個是貓等的順序，所以一看dog的下一個字cat，就會說是貓。但是，單獨出現貓的單字時，會有不知道那個單字是什麼意思的情形出現。這是由於縱容自己，沒有對自己嚴格要求的緣故，因此得接受對那種縱容的報應。

連單字本都有這樣的缺陷，何況是在字典上畫紅線，雜亂無章地看著那些畫上紅色的單字，這樣是學不好的。想在字典上畫線來記憶的學生似乎相當多，可

是，這是一種看起來很容易，卻是全然估計錯誤的方法。
用這種方法也能記住的人，無寧是天才型的人物，這種人
大概只要看一眼，就能夠從頭到尾銘刻於腦海中。對於這
樣的人是沒有必要談念書的方法的。我在中學時代在某一
本書上讀到一個故事，聽說有人將字典一張一張撕下來，
待全部記住之後，再將那些紙吃下去。有朋友聽了這個故
事後，曾經想依樣畫葫蘆做做看，然而對大多數人而言，
這似乎是不可能做到的事。假設真能記得住A開頭的所有
單字，但是進行到以Z為字首的單字時，究竟是否能全部
牢記前面以A為字首的所有單字呢？這是很有疑問的，若
是普通的人，應該是早已經忘記了；假定沒有記憶的話，
那個人一定是超人。普通人終究還是會把在最早開始記住

的東西忘掉一半以上。你要反覆練習曾經記住而今忘記

了的部分，才能慢慢地製造更明確的記憶，所以請你一

定要對待自己嚴格一些。

　　單字的記憶法

單字卡的使用方法

成為國中三年級學生和高中生以後，對於單字要記得多又正確的必要性逐漸有了認識，同時也思索著有什麼好方法呢？這除了使用卡片外，別無他途。使用單字卡，要無條件且毫無理由地將語言記住。有的大人提出「找理由來記」或「在文章裡來記」的建議，但是這僅適用於要記的單字數量少的時候。如果單字數量多，而不用無條件的記憶法的話，反而不能提高效率。以前我在某個學校服務時，有一天，我和一個京都大學畢業的老師，以及另外

單字卡的使用方法

一個不太念書的老師在一起談話。那時，有一個學生到了辦公室，那個學生問：「英文單字要怎麼記才好呢？」那個不太念書的老師馬上回答說：「在文章之中找理由來記就可以。」從京都大學畢業的老師笑著轉過身來對我說：「到底在胡說些什麼！單字是毫無理由的嘛！」我也贊成他的意見，於是說：「單字是無條件的記憶呀！」這位理論派的老師就那樣愣了一下，沉默了下來。你要考慮到大人給你的忠告也會因他們的努力、能力的不同，而產生差異的。

所幸，從十二、三歲到十七、八歲為止是人生當中無條件的記憶能力最佳的時期，在這個時期，只要用記憶力去記就可以了。因此，所謂找理由只不過是以大人的

感覺在說話，或者是由於那個人並沒有記住太多的單字而已。當然，要將名詞當作形容詞使用，以及將形容詞作副詞使用，有其一定的法則與道理。在中尾加上-al就成為形容詞，或者加上-ful成為形容詞，而加上-fully就變成副詞，類似這樣的法則非記住不可。而且，所記的單字數量達到某個程度，就自然能掌握住那種感覺的。可是，本來就是毫無關聯的單字，用沒有道理且無條件去記憶的方法反而比較不費功夫。

那麼，假定從現在開始你立志要記住幾千個重要的單字，問題是單字卡要怎麼做呢？有的人去買已經印好了的卡片。但是，這種方式我並不十分贊成。自己做卡

片，自己寫下單字，然後寫下它的中文翻譯，經由這些步驟也能學會單字，而且因為是自己親手寫下的緣故，所以就已經有一半左右的東西，會留存在腦海中記憶的角落了。往後我也還會反覆加以強調動手寫是很重要的，比起只有動腦筋更能在腦海中留下好幾倍的記憶。我也全部靠寫來記的，所以我勸諸君也要動手寫。

　　至於要如何選擇重要的單字呢？那些重要的單字在字典上都會附上記號，所以查字典是最方便的。小型的字典（或袖珍單字集）裡，通常都會以各種與眾不同的記號來區分各個重要單字的類別。例如，如果是屬於三千個重要單字的話是用幾個星號，六千個重要單字的範圍內的話是用那個記號來分類。用這種方式，將自己要記的單字

從A到Z用紅線打上記號就好了，然後將這些抄在單字卡上。在我們的時代還沒有那種東西，所以將字典中印有＊和＊＊的單字全部抄寫下來（當然，已經會了的單字除外），使得單字卡堆得像小山一般。

至於卡片的寫法，這個的工作非盡早處理好不可。因此，要把自己確實已經知道的單字刪除掉，先只在有必要抄下的單字上打上記號。假如一邊選單字一邊寫卡片的話，速度慢而且浪費時間。其次，使用藍色原子筆較有效率。使用太多紅色的話，會使眼睛疼痛，黑色的寫起來不流利，鋼筆和鉛筆會划紙，不適用在數量大的工作上。在卡片的表面寫上英文，標上重音，在英文的下

面寫上音標，而音標只要寫重要的地方，以及自己不知道的部分就可以了。卡片的背面則選擇一個到三個左右，比較有代表性的中文意思來寫就可以了，一定要寫五個以上的中文意思的情形，就比較少見到。

即使是寫卡片的背面時，也不要把卡片橫著反過來寫，最好是將卡片往縱的方向整個翻過去寫。這是因為將來翻卡片背誦的時候，往橫的方向和往縱的方向（等一下說明它的使用方法），效率上會產生出相當大的差異。（請參考本書第36頁附圖。）形容詞、名詞、副詞等的區別已經完全清楚了的單字就不用特別注明，只要注明詞性含糊不清、種類多和好像有問題的東西。只是在字典裡是用英文來寫，如果我們用中文寫「形」、「副」的話，

太花時間。所以也用英文字的頭一個字母，例如形容詞就用adj.，名詞就用n.來寫，大概就行了。

　　翻閱單字卡也有各種不同的方式，有的人利用金屬圈固定來轉動，有的人則購買精巧的機器，一按鈕，單字卡就會啪啪地替換，藉此用來記憶。

單字卡的寫法

adj.
○ 　令人發生興趣的；
　　有趣味的。

↑

○ 　ˊinteresting
　　　ə　　i

→

adj.
○ 　令人發生興趣的；
　　有趣味的。

效率不佳

但是，這些方法有二點缺點。第一，會與使用單字本時同樣地按順序死記下去。換句話說，會變成狗的下一個字會出現貓這種情形，不能真正地記住。還有一個缺點是已經記住了的單字會重複出現。所以一定要把已經記住了的東西抽出來，然後再放進去新的單字。不那樣做的話，永遠將已經記住的單字和還沒有記牢的單字放在一起，就算比預期花更長的時間去翻閱，效率也不會提高。我的朋友將已經記住的單字抽出後從火車的窗子丟出去，雖然不需要做到這種地步，但是不管怎樣，抽出已牢記的東西是有必要的，然後才能早日把時間用在記下一個新單字上面。因此，用機器也不行，用金

屬圈也沒有用。假設能做出更精巧的機器，為了要讓已經記住的那張單字飛出去，只要按一下特別按鈕就成了的話，也許用這種機器也可以。但是那也還繼續存有順序永遠不會變的缺點。

最好的方法是利用最原始的方法，即以左手拿所有的卡片，以右手翻卡片的方法。卡片用橡皮圈固定住，將已經記住的單字抽出來，補充新的卡片，不記得的東西要時常像玩撲克牌那樣依次翻，一定要邊掉換順序邊記才行。

這時候，如果將單字一張一張向著側面打開來看，太花時間。而且右手會一直酸起來，很快就會厭煩。最有效的方法是用左手拿著那束卡片，而以右手的大姆指和中

指，就像要翻開卡片一般輕輕地拿著，然後用大姆指和食指向縱方向翻過來看卡片背面的中文。而且，不要一張一張輪換，一次五張或十張地繼續下去，集中之後再將這些卡片翻到後面去，像這樣做的話，就可以以極快的速度翻閱下去。如果把雙手放在桌子上面，或者是在火車和公車上，把書包豎立在膝上支撐兩個手腕的話，就能夠輕鬆地做到。要經常放兩、三本這種卡片在口袋裡，利用五分鐘、十分鐘的短暫時間來翻閱。等記好一本單字卡時，就把它放進另一個口袋裡。如此一來便能知道一天所記住的單字量，那也就成了一日努力的成績。

　　那麼，一天到底要記多少個單

字才好呢？這不僅因人而異，而且和應該記憶的單字量以及距考試還剩多久的時間來決定。在東京大學的教育學部，曾經有一位德文教授要求學生每天要記五十個單字，大家都嚇了一大跳。當時我忘了自己學習英語的經驗，也覺得五十個字太多。後來因為實在很想學法文，於是摘錄了六千五百個單字作成卡片，利用搭乘電車和等候電車、公車的時間來背誦，結果一天下來竟然記了八十個到一百五十個的單字。從這個經驗看來，五十個字實在不算多。但是在意願不強或意志不堅的情況下，確實也是一個能叫人吃驚的數字。

已經記住了的單字卡不要丟掉，先集中放在一處。在一個月或三個月後，有必要得再翻閱來看看，或許其

中有三分之一已經忘記了也說不定。那些字又得重新記憶，但是，這會比以前更容易記得住。反覆這些過程的話，最後就能記住自己所期望的數量。片語、俚語、慣用語也可以用同樣的方法，一定有效果。

備齊參考書的方法

　　參考書就任何學科而言都是必要的，只仰賴教科書不是十分充足。常常有學生來問我到底該買什麼樣的參考書才好這類問題。這依個人的成績、性格、考哪個學校而有不同的準備方法。我也常有替別人選擇參考書的經驗，那些參考書的名稱現在都還記得，遺憾的是我無法在此寫下特定的書的名稱。因為上面已經說過，這會依對象的不同而有所改變，因此無法說出適用於一般人的書單。

　　如果你自認某本參考書的內容很詳盡，你可以很容

易明白，而且也有作者或總監修者的名字出現的，大概就沒有什麼問題了。書上有作者的名字時，縱然並不是整本書的內容都是他所寫的，但是因為亮出了自己的名字，就必須負責，理應會仔細審核內容是否有錯誤。最近，參考書、練習題的數量不斷增加，印刷的錯誤也增多，內容錯誤的、解答錯誤的、隨便寫一寫的東西也變多了，因此給學生們增添了不少麻煩。我們也不能說有傑出的總監修者的名字出現的書就沒有錯誤。最近，從國中生的發問當中發現到，像這種有傑出總監修的名字出現的數學參考書上，竟然有三個以上的錯誤解答。但是，這還是比沒有作者姓名的書好一點的。不過，沒有

作者名字的書之中也有好書。只是必須要有能分辨出好書的眼光。在此，我無法具體的列舉出來。

因此，我們希望一個科目能有一本盡可能正確、盡可能詳細的參考書。可是我不贊成買像國文三冊、歷史三冊、化學四冊這樣湊成一本的參考書。因為每一本參考書的內容大抵都差不多，讀完一本參考書且能夠記住的話，要應付入學考試大致是不成問題的。

將兩、三冊湊成一本大書，容易令人眼花撩亂，可能會變成這裡啃一點，那裡啃一點，成不了大氣候。這種傾向往往使得家境優渥的小孩雖然擁有很多書，但是成績反而不會進步。重要的不是在書架上擺飾多少書，而是讀完一本參考書後，能夠記住多少東西。

然而，想讀完厚厚的一本參考書而且能夠記住，並不是一件容易的事。不僅攜帶不方便，也無法在火車和公車上隨時翻閱。因此，每個科目先買一本較薄且只有簡單的要點整理的參考書，反覆重新翻閱數次會比較好。假如找不到那樣的參考書時，就像以後會提到的，自己事先整理好一本筆記也可以。

　　備齊參考書的方法

努力做練習題

假定為了將參考書和教科書的內容銘記在心中，於是反覆閱讀這些書，在重要的詞句畫上紅線，考試前又看了好幾遍。然而一旦面臨考試，原本以為已經記住了的東西，卻出乎意料地變成不會。你可能也經歷過這種經驗吧！大概可以說，這表示只靠讀的話，這些內容是還不會變成自己的東西。為了要讓讀過的東西消化成自己的，一定要致力於做練習題。將參考書讀完三遍或者做一回練習題，哪一種比較容易記住呢？答案當然是練習題吧！在做

練習題的過程中碰到問題想不通時，常常就會將這些問題記在腦中。因此為了要記住，有必要反覆多做幾次練習題。然而，大多數的學生沒有這樣做。

解答練習要花一個小時，讀參考書也要一個小時，那一種輕鬆呢？只要是在看書，自己和父母都會認為是在念書。效果到底如何呢？這就無從判斷了。心不在焉地看著書，心中卻想著別的事情，這樣的話，恐怕只是浪費時間。換句話來說，在看參考書時，實際上很多時候是在偷懶。

讀參考書時，我們只是接受書中給與的東西，和在做練習題時絞盡腦汁得到答案的兩種情形，腦子的轉動

量有好幾倍的不同。人類的身心不使用的話，就不會發達，愈是不用，愈會退化。尤其是人的頭腦，愈用會愈靈活。努力地做練習題，多使用腦子是提高實力的方法。

看一次參考書，然後試著做做看相當於那個範圍的練習題是一般的作法，但是與這種相反的作法也有效。對於具某種程度自信的人而言，馬上就做練習題，不知道答案的地方則查參考書，再將問題前後的詳細事項與答案連接起來，這種作法也有效果。

所以，我們有必要備齊所有科目的練習題，並決定好一天要解答的問題量，然後確實地做下去。尤其是英文、數學、國文，非每天做不行。如果今天未達到預定的目標，明天就要把那多出來的部分補足。國中三年級

時，我曾經發誓一天要做五十題小野圭次郎所著的《英文解釋法》，而且總算勉勉強強地照做了。這樣做了大約三個月，實力就增加了很多，我記得連我自己也被自己實力的變化嚇了一跳。在這之後，我便養成了以練習題為主的念書習慣，使得成績得以進步神速。尤其是數學，由於教科書的內容一般都較淺，因此不要拘泥於教科書，一定要以多做練習題來補充教科書的不足。

練習題的使用方法

　　練習題買回來以後，最好是將解答整理後另外裝訂成一本。假如訂成同一本，則非得翻到後面才能看到解答。這不只是浪費時間，同時，把書翻過來也成了一件麻煩事，有時甚至會有應該看卻不看，而將就過去的情形發生。把練習題和解答事先分開，並排放在一起，使得馬上能夠看得到現在正在做的問題的答案，是比較有效的。

　　不會答的問題先打上某種記號，接著進行下一題。不管有多少個記號都不要在意，繼續不斷地做下去。無論

練習題的使用方法

如何要做完一本。然後再從頭開始，只做打上記號的問題。這次還是要分成會答的和不會答的兩種，所以不會答的再打上記號。結束以後再重新做一次，只做第二次不會答的問題，這樣試著做到完全結束。一般而言，第一次不會的問題現在變會了，使人不得不對這種不可思議的事情感到又驚又喜。可是像數學這樣的科目，如果開始時就有太多不明白的地方，那麼，就算想向前學習，也會有完全無從下手的感覺。這種時候，若想把一本練習題從頭做到完，那是不可能的。這時候最好把每個階段分成段落，從那兒反覆練習，增進實力，再進行下一個階段。若是這些段落的區分能夠配合學校的進度，那就更理想了。學校在教一元方程式的時候，就將計算公式的計算練習到一元

方程式畫分為一個段落重新做過。如有多餘的時間，可以再用別的練習來做同一階段的練習。如果再有餘力的話，往前進也無妨。但是請你要記住，必須等到這個階段徹底學會以後，才能繼續往前進。國中一年級的英文也適用這個方法。

可是，國文、國中三年級或高中的英文解釋等，就已經不是「這個不會的話，無法往前進」的情形了。為了要接觸許多的問題，有必要做完一整本練習題。

還有，蒐集入學考試考古題，對於以一流學校為目標的人而言，特別重要。不過，入學考試的試題也有很多種，其中有問題似乎不會出現第二次。即使把時間消磨

在這上面，也沒有什麼意義。所以與其是照入學考試原來的形式蒐集而成的練習題，不如找從各個學校或入學考試的考古題中，選擇適當的內容，再按不同階段排列而成的練習題或許比較好。

練習題的解答也經常發生錯誤。練習問題的數量愈多，愈容易做出馬馬虎虎的東西，這是沒有辦法的事。印刷的錯誤也非常多，徒然使得學生的頭腦混亂、浪費時間。這種狀況也要先銘記在心，答案怎麼都覺得奇怪的時候，最好找個人問問看。

選擇厚厚的一本練習題，或薄薄薄的一本練習題，那是按個人的能力、喜好、要考的學校而有所不同。只做一本的話是不夠的，一個科目非得做完三本左右才行。剛

開始由薄的著手，然後以較厚的結束。或者是征服較厚的練習題以後，再做薄的。這兩者如果都以個人所處的條件來選擇的話，大概就可以了。

我指導學生的情況也是視個人的能力而定，譬如英文是做較厚的，數學是選擇薄且輕易可以做完的，社會科則選中間的。能夠把較厚的練習題做完是最好不過的事了。但是假如因能力不足而在中途就放棄，使得自信和興奮都喪失掉，反而弄巧成拙。有這種顧慮的時候，就改做薄的練習題，最好是要抱有不管怎樣就是全做完了的自信和滿足感，這才會激發繼續做下一本練習題的意願。考慮了這些問題之後，各位也請想一想，斟酌自己

的條件,然後決定到底那一科目應該選擇那一種練習題。

那麼,一旦做了練習題,無論如何都要把它做完。但是,每一本都只做一點,無法持久的人占了大多數,而這種人毫無例外地成績不會有所進步。況且這種情形持續下去的話,會變得愈來愈沒有耐性,而且善變,無法從意志薄弱的性格中超脫出來。這樣,不論對己對人,都是無益的事。總之,著手做練習題的話,最好徹底做完。而且,做完了一次就再重頭做一次,接著加快速度,再重頭來過一次。也就是說,最好要重複做三次以上。然後再做另一本練習題。我認為這是使自己牢記於心的最好方法。受我指導上來的學生們也是實行這個方法而成功的。

只是曾有一個學生,是富裕家庭的孩子,卻不聽我

說的話，使我非常困擾。雖然購買了練習題各七、八本，往往只做了最開始的五頁左右，就找種種理由說這本不太合適，想要換另一本。我因為是站在家庭教師的立場，不太能夠強迫他。我說：「這樣做不太好吧！」但是他仍然繼續編造自己的理由。由於他一直認為這是不行的，所以無論怎樣也不會有什麼效果。只有這個學生我也沒有辦法讓他戰勝入學考試。

像這樣的人意志薄弱，對一件事情開始感到厭煩的話，就會夢想難道沒有更輕鬆，卻也能夠提高效率的方法嗎？於是在追求夢想的當中，考試的日期就來臨了。請留意！不要把自己意志力的薄弱置之不理，而怪罪在練習題上。不管是

練習題的使用方法

那一種練習題，差異都不太大，所以即使第一次困難又不懂的地方很多，到了第二天、第三天，會的東西增加以後就會產生自信，而變成有趣的東西了。為了要最少重做三次，不要把解答寫在練習題上，而寫在別的紙上。到了最後一次時，才寫上去。

練習題的使用方法

應該在什麼時候
看解答呢？

　　有人問我，在解答練習題時，若有不知道答案的情形，是馬上看答案好呢？還是一定要作長時間的思考呢？這個問題也一樣，假如方法搞錯，會使得學習的效率降低。

　　有問題無法解答時，馬上看答案是不好的。在問題的旁邊排列著答案時，一定要事先拿像風景明信片那樣的東西將答案蓋住，等到將題目大體想一下，卻仍然不

明白時，才把風景明信片移開看答案。假定把風景明信片移開時，似乎看得到下一題的答案的話，就應該要設法將風景明信片的一部分裁掉，使自己看不到下一題的答案。如果先看到了下一題的答案，等到真正看到題目時，雖然覺得好像能夠立刻解答出來，但是，若這個問題出現在考題上時，就會有答不出來的情況發生。

　　關於不會答的題目要花多少時間思考呢？這依科目的不同而有所差異。像歷史、世界史、地理、生物、除了計算題以外的化學問題，或是其他科目之中，都有一些不會就是不會的內容。例如國文也是包括在這裡面。像這一類的問題，在看了題目之後不會作答的話，只要稍

微用頭腦想一想「嗯，答案到底是什麼？」應該就可以看答案了。大概花極短的兩、三秒鐘到十秒鐘左右的時間就可以了。

另外像數學、物理、化學的計算題、英文解釋、中文英譯等，絕對要思考才行。必須得多方面思考、動腦筋，想辦法用自己的力量，努力找出答案。不這樣下工夫，卻對答案瞄來瞄去，永遠都沒有辦法增加自己的實力。通過平日對問題思考的訓練，自然具備有解答考試的應用問題的能力。

不過，在這裡有一個會讓學生陷進去的大陷阱。有人以為，無論如何要想到會為止，所以一個問題可能就花去了三十分鐘、甚至一個小時，到最後，整個時間就全部

耗盡了。如果被問及「是不是不太有進展？」回答是：
「這個問題不會做，想了一下就過了一個小時。」這不
是值得稱讚的事。大多數的人在花了十五分鐘以上想同
一件事情的話，不管怎樣都會聯想起別的事。一件事接
一件事地聯想下去，實際上很多時候並不是在想同一個
問題，而是一邊在想其他的問題一邊在原問題上打轉。
特別是手不動，只用腦了沉思的時候，腦子飛到其他方
向的情形很多。今天在學校發生的事情、朋友的事、不
愉快的事、未來的事等等，空想各種不相干的事，於是
不知不覺之中腦筋就脫離現正在做的題目
天馬行空一番。沒有任何一種東西像
自己的頭腦那麼難由自己支配的。

　　而且，這種習慣一旦養成，就會愈來愈嚴重，一旦坐在書桌前面，就一定要注意讓自己的腦筋只想必要的問題。

　　時間是非常寶貴的，前人就已說過「時間就是金錢」、「光陰似箭」。從學校回家到就寢為止，並沒有多少的時間可以利用，所以用一個小時來作一個題目，只是徒然浪費時間罷了。這要怎麼辦呢？先想十五分鐘，仍然還不會時，就看答案或提示。數學也有從答案倒算回去的可能。然後，要先理解解答的方法，而且一定要將它牢記在腦子裡。

　　假定已經知道了答案，也還不算已成為自己的實力，所以一定要先注明表示不會的記號，等一、二個星期後再做看看，然後一個月後再做看看。那時，假如不看答

案也做得出來的話，大概就可以說已經具備解答那個題
目的能力了。

計算題的作法

　　數學和物理、化學的計算題，無論如何都得使用計算來解答。即使有時候一看到問題就知道答案，大抵可以推測得出答案的數字和計算程式，但最好還是實際演算到求出答案為止。這是我經過深刻的檢討所下的結論。在練習題當中，可能有一些我們已知道答案的題目，但沒有實際演算過。當類似的問題出現在考題上，乍看之下，正高興地認為「這一題這樣做，便能解答」時，卻在計算過程中弄錯加和減、漏寫文字、或畫座標時只寫了單邊的數

字，以至於答案錯誤。我經歷了各種的失敗，在反覆的失敗中，讓我深深地體驗到：一看就會的問題，如果沒有實際做看看，就會變得不會答，不能算會；由於很小的失誤，會導致全盤失敗。從那時起，我總算養成了動手計算的習慣。我認為從那以後實力才真正安定下來。

這在幾何問題上也一樣。如果只用鉛筆在書上的圖中畫線思考，看了答案以後自認為已經會做的話，在實際考試時，一樣會解不出答案。依然要自己動手畫圖形、畫線，即使就算看了解答之後已經知道答案，一定得還要動手寫一下看看，不這樣做就學不會。但是，如果要用圓規和尺，一個一個圖仔細地畫，時間是不允許

的。所以，必須訓練自己能夠用一支鉛筆就能迅速地畫出

圓和三角形。

計算題的作法

為了不使計算發生錯誤

這和剛剛提過的事情有關，計算錯誤會減少相當多的分數。每個人都常常說：「這個題目明明會做的，卻因計算錯誤而錯了。」我也是如此。有一次向數學老師說：「明明知道解答的方法，卻因計算錯誤而錯了。」我才剛剛強調完答案本來應該做得出來時，就被老師數落說：「計算的能力應該包括在實力裡面，……」、「無論如何，做不出來的就是不會。計算錯誤多是因為計算能力不足，如果不把這些因素合併起來，當作是數學實力的話

……。」我被說得啞口無言。以後老師對計算的要求就變得更為嚴格了。

　　從要掌握計算能力的意圖來看，平常念書的時候也一定要在紙上計算。當然幾何的證明題也完全一樣。因此，非要寫得快不可。盡可能要快，要經常練習，試著跳過兩、三個計算的步驟。像這樣每天訓練自己，使自己能夠作快又正確的計算。長期累積下來，就不會再犯計算的錯誤了。也許正是所謂人是善變的，那種心境的變化讓我們感到很不可思議。各位也請摸索到那個境界。對計算的要求要嚴格，要相信計算能力也是占數學實力的一半，想要掌握住計算能力，最好每天寫（計

算）快一點。對任何人而言，計算能力都是愈做愈能掌握。而且，考試的時候，要全部驗算。從前面往後面驗算，再由後面倒著往前面運算，一題也不要漏掉。我們要有心理準備，不是要絕對相信 $2+2=4$ ，而是要暫且先懷疑一下， $2+2=4$ 是真的嗎？那才是避免計算錯誤的方法。不過，在考試的時候，不可以省略掉計算的步驟。倘若省略了，閱卷老師有時會誤解而扣分。而且，自己也會因考試時的心情變化，有時候明明平時會了，卻在考試時做錯。省略計算步驟是在平時練習的時候，這是為了使頭腦轉得快。但在考試的時候，要一個步驟一個步驟確實地寫下來。

為了不使計算發生錯誤

不明白為什麼
答案會變成那樣的時候

　　一般認為，社會科和生物科是靠背的，數學和英文則是應該思考的。當然這是正確的說法，但是如果太拘泥於這種說法，反而會有自己束縛自己的情況發生。

　　在數學、物理、化學的計算題當中，會出現我們完全不懂的問題。「解答也看了，提示也看了，說明也讀了，還是不明白為什麼會變成那樣」，但是有人非得想到明白為止不可，所以永遠在傷腦筋。這種情形不一定只發

不明白為什麼答案會變成那樣的時候

生在成績差的人的身上，也會發生在成績好、且有獨創性的頭腦的人身上。那麼，真得要想到完全明白為止才好嗎？不見得全然如此。有時候只會變得徒然浪費時間而已。縱然有些題目確實應該加以思考，但是不可以作太多的思考。任何事都是「過猶不及」。

　　你並不是在作研究，而是在作綜合性的學習。國文、理化和社會科都有許多要做的事。在高中生的學習程度中不會出現那種真正有疑問、非得經過思考不可的東西。想通這個道理以後，在遇到不能理解的問題時，最好把解答方法老實地記下來。然後反覆練習，使它變成自己的東西，這樣做的話，在不知不覺中，就會逐漸了解了。

　　那意味著代數和幾何的解答方法都成了死記的東

西。做完某個程度數目的練習題的話，考試題目就會在那些練習題的範圍內出現。如果是這樣，數學考試也成了一種死記的東西。當我們以前在學習微分、積分時，班上有一半左右的人說，無論如何都沒辦法跟得上微分、積分的學習進度。這是正確的說法。頭腦轉不過來時，就很難能接受微分、積分的想法。儘管如此，如果這些概念不會的話，想繼續往前學習就很困難。那時，數學老師說了一段有趣的話，我至今記憶猶新。老師說：「不管如何還是不了解的話，就只有以信仰取代，相信它就是這樣吧！」

這話真是至理名言。沒有必要跟那些無論如何都不會明白的東西搏

鬥，因此，先將解答方法全部背下來，然後再慢慢去了解那個想法就可以了。由於集合和演算而吃盡苦頭的人不少；也有人會做代數，卻對圖形、幾何束手無策。因為人各有其不同的理解力，所以用所謂「請老實地信仰自己所難以理解的部分」的指導方法，我也獲得相當的效益。

　　不知道答案的時候，最好不要太認真、考慮太多。這一句話也可以針對物理和化學的公式。這些公式中，有的是由實驗的結果得到的。如果要追根究柢弄清楚為什麼會出現那個結果，有些東西實在不是高中程度所能辦得到的。儘管如此，仍然有許多人為了要得到徹柢的理解而困擾著。國中、高中的學生有很多時候無法區別應該思考和不應該傷腦筋的事。假如認為已經到了自己能力的極

限，最好就不要再鑽牛角尖，只要老老實實地記住就可以了。

這個方法，對於白話文、美術、音樂等科目，尤其必要。有不少學生在英語、數學、理科等答案很清楚、而且絕對只有一個的學科上有很優異的成績，卻對這些科目怎麼也應付不了而感到苦惱。不可思議的是，平常不太用功、會向朋友問數學等問題的學生，反而能輕鬆地解決這樣的問題，而獲得好成績。在你的四周大概也能看到這種情況。這是一個嚴重的問題，不管怎樣努力都會答錯，而且會變得不知道要怎麼去努力才好。

這樣的情況下也不要太認真去

想，最好從練習題開始著手。首先輕鬆地想想問題的解答，然後立刻看答案。或許，正確答案會是你意想不到的。這時候不要去想為什麼，直接就接受這樣的東西。畢竟，你的感覺和正確答案的感覺背離著，所以想了也是白想。訓練自己的感覺去配合正確答案，反覆多做題目。做完一本以後，再做一次看看，確認一下自己的感覺是否有所改變。盡可能地反覆做好幾次，會了的話，再去買二、三冊來反覆做。說得坦白一點，解答的作法就會全部背下來。教學生這種作法，讓他們實行的結果，我確實看到許多考試成績變好的實例，所以可以說這是正確的方法。

不明白為什麼答案會變成那樣的時候

中文譯成英文的方法

　　和數學的計算一樣，將中文翻譯成英文時，一定非要把答案寫下來不可。即使你認為用腦子想已經會了，但是實際上寫下來時又不同了。

　　從略去冠詞、忘掉句點、該大寫的文字用小寫這種小錯誤，到一時想不起單字拼法的困擾，其他還有一大堆陷阱。這正好和練習中文類似，就算用眼睛看讀得出來，而認為自己會寫，但是實際上寫不寫得出來還是另當別論。然而，到了考試，這也要從頭到尾全部寫完才能稱為

實力的。因此，在平常就必須先練習能迅速的寫。

　　而且在中文翻譯成英文的問題中，照中文原來的形式直接翻譯成英文會有許多困難的地方。特別是在考試時常常會碰到這個問題，這時最好能運用自己所知道的單字、片語，將中文的題目改寫成英文。將艱深的中文簡單化後翻譯成英文是它的要領。可以說並不是直接翻譯，而是以意譯的方式去做，在考試時就會成功。

英文、數學、
國文要每天念

社會科和生物被認為是靠背的,而一部分的化學也是要靠背的。要靠背的東西如果在快要考試之前,從頭到尾反覆背誦的話,效果會出奇的好所以可以說是速成有效的科目。

早些年,在我們考試的時期,考前三個月扎扎實實地念好英文、數學、國文。到了最後的三個月,不要再將精力用在英文、數學、國文上,只要維持現狀,而將剩餘

的精力集中在該背的科目上，一口氣全背起來，這在當時被認為是普通常識。因為即使在以前記住了的東西，也常會有忘記的情形，所以沒有用。但是，據說現在這種方法不見得適用。有一次機會在和某一個學校的校長先生談話時，他提到了目前發生的變化。似乎很多老師都說現在所有的科目都一定要平均才行。如果高中入學考試時，必須以國中的成績為參考的話，我就不能推薦這種方法。

只是，如果針對每天的用功和一次接一次的學期考試、模擬考試、能力測驗考試的關係來說，我想剛才所敘述的想法大概多少能夠應用一些吧！因為英文、數

學、國文和物理、化學的計算問題,平時累積的實力才有用,臨陣磨槍起不了作用。可是,靠死背的東西臨陣磨槍會有相當程度的作用。因此,每天念書時一定不可以少掉英文、數學、國文,還有物理、化學的計算問題。相較之下,理科中應該死背的東西和社會科,如果不得已的話,即使幾天才念一次也無妨。

國中、高中時代的英文、數學、國文的成績好不好,或者喜不喜歡,這些都可作為推敲學生的成績、或進步的可能性的基準。學科的喜好並不是很有根據的東西。有時會依授課老師的差別而有所改變。有人是成績差時就討厭,但是如果成績變好就變喜歡。也有人去年討厭的科目,今天卻變喜歡了;或是去年喜歡的科目,今年卻讓他

感到無趣。所以不可拘泥於對學科的喜好如何。反正，成績變好的話，就是喜歡的科目，而且如果學習成績變好，也是令人愉快的事情。

　　因此，不要拘泥於現在的喜好、也不要拘泥於擅長和不擅長。不可以用「實在最怕而且討厭數學，所以……」的理由，就每天都不念這個科目。無論如何，英文、數學、國文每天非念不可，所以不要念得勉勉強強，必須先變得喜歡這些科目。盡力使自己變得喜歡，這是一種努力，這種努力能否持續，也會使你的成績有相當大的不同。假如堅持討厭的東西就是討厭的話，並不太好。你將來學業告一段落踏入社會以後，討厭的事也

非做不可的情況會增多。這時候，以前是否曾經盡力想使討厭的東西也變成喜歡的努力，意外地會表現出很大的差異。

首先，盡力想去喜歡英文、數學、國文，這是最重要的。其次，討厭的科目沒有一次就能夠全都變得喜歡的道理。所以在這個時候，最好先從這個科目中比較喜歡、比較拿手的部分，慢慢喜歡它，再逐漸擴展到喜歡整個科目。如果這個方法能做得比別人更有效，突破就會出現。例如，雖然不喜歡數學，但是喜歡圖形、幾何，或者雖然對圖形和集合都不喜歡，惟獨方程式很拿手而且感到很有趣。這樣的情形，在英文、數學、國文任何一個科目中都一樣。那個部分變喜歡、變拿手之後，再逐漸擴展開來，

也是一種努力。

　　像社會科那樣單純記憶即可的科目，和英文、數學、國文、物理等非用腦筋想不可的科目，在激發腦力所作的努力上，有極大的不同。如果只想趨向容易的一邊，進步也就非常有限。我在一所剛剛成立的高中服務時，曾經有過一次監督自習課的機會，我看了學生在桌上翻開的書，大吃了一驚。因為幾乎全部的學生都打開歷史、世界史、地理的教科書，呆呆地盯著看。我問他們為什麼不做數學，他們就回答說，因為喜歡社會科、討厭數學的緣故。這似乎意味著成績的水平和喜歡的科目有關係。

　　但是，為了慎重起見，我要先

說明清礎。我並不是說社會科或理科的學問低，或者說喜歡這些科目而且想以它們為人生目標的人的學力差。也不是說如果喜歡英文、數學、國文，就以它們為營生的工具或目標。進入社會以後，還有另外的東西都各自有其重要性。我只不過是說在中學、國中的學習上，英文、數學、國文是基礎而已。

英文、數學、國文要每天念

靠記憶的科目的記憶法

在我剛到新成立的高中上自習課時，我還注意到另外一件事。雖然幾乎全部的學生都把書翻開了，卻是心不在焉地看著。多少還有點可取的地方是，在書上畫有紅線。學生是打算靠這些來記憶的，但是我對這些現象也感到非常驚訝。我問他們，「考試之前也是這樣背的嗎？」他們回答說是的。

若是如此，不但無法提高成績，而且成績會愈變愈差。前面也曾說過，想在字典上畫線來記單字是徒勞無

　　靠記憶的科目的記憶法

功。這二者可說是如出一轍。參考書和教科書上的內容是在文章裡，而在那應該記住的內容和數字、語句之間，滿滿地充塞著用來說明的文字。為了要理解，這些說明是必要的，但是理解了以後，一旦進入記憶的階段，這些說明反而會妨礙重點的記憶，所以最好盡可能不要看。

在有限的時間內盡量多記，而且自己要檢查看看是否已經記住了。沒有記住的東西更要反覆去記，已經記住的則節省重複的工夫，這才是有效的念書方法。然而，把書一頁一頁念下去，是否也是有效的念書方法呢？畫紅線的勝於不畫紅線的。但是，如果只看到畫紅線的部分，會變成到了最後仍然不知道是否真的記住了，就要去面對考試。縱然自己以為看了之後已經懂了，可是一旦問題以其

他的形態出現，就會變成不懂，這種情形就像在英語單字部分也說明過的一樣。

那要怎麼辦才好呢？最好只抽取重點部分，一個項目一個項目整理筆記。將在一個項目中，有關的人名、地名、事件名稱，用橫式（或直式）並排寫出來。盡可能省略多餘的文字。藉著這樣，自己整理、自己寫，也會助長記憶。而且在考試前以極快的速度重複溫習這分筆記是很重要的。筆記的作法大概是每個人的方式都不同，對作筆記的人來說，他自己的方式才是最適合於自己的東西，所以會有助於記憶。而且，這還隱藏著另外一個功用，就是它能訓練你流利地說出和寫出與問題有關

　靠記憶的科目的記憶法

　　的東西，而且不會的問題也可以查閱筆記。不斷地翻閱筆記，最後就可以記住了。

　　所謂只要念過就記得住的人大概是天才吧！不過，是不是真的有這種人呢？我還不曾見過。幾乎大多數的人都是念過以後只能記得一小部分。因此，我認為整理筆記後，是否能牢牢記住，成為有無實力的分歧點。筆記的作法可以隨自己的喜好，所以沒有一種絕對的形式。很可能同一個人作第二次筆記的話，多少就會出現和上一次有所不同的情形。那樣也無妨，如果一次就想做出完美的筆記，就會考慮太多，反而白白把時間浪費掉。輕輕鬆鬆、早一點做，不足之處日後再補即可。反正把必要的事項統統寫下來以後，再從其中分出輕重就好了。在這裡試著舉出一個例子。這個方法不僅是社會科，也可以應用到生物

和化學、物理等科目上。

以希臘文化為例

荷馬	伊利亞德，奧德賽（優里西斯）
赫希奧德	諸神的系譜，四季農耕歌
艾斯奇拉斯 索孚克利斯 } 三大悲劇詩人 優里庇德斯	阿加曼農 伊底帕斯王 特洛伊的女人，杜里斯的伊比凱妮亞
亞里斯朵芬	喜劇，女人的和平（諷刺劇）
抒情詩人	莎孚，亞奈克雷昂，品達爾

以羅馬帝國的發展為例

B.C. 753建國傳說	伊尼阿斯，羅馬勒斯・雷姆斯，伊特拉里亞王
B.C. 509共和政體（傳說）	執政官（統領）二人，元老院三百人，非常時期狄克推多（dicitator，獨裁官）都是貴族
重裝備兵市民團的發達	平民（平民、中小農民），貴族平民之鬥爭
B.C. 494護民官	平民議會的議長（據守聖山）
十二銅表法	法律公開，羅馬最早的成文法
卡列依諾斯法（Canuleius）	解除貴族平民通婚之禁令

B.C. 367李錫尼法案	由平民中選出一名執政，限制貴族占據公有土地
B.C. 287霍藤修斯法	平民議會的法律制定權
B.C. 270止，義大利統一	
第一次迦太基戰爭 （B.C. 264 ～ B.C. 241）	獲得西西里島和賠償金
第二次迦太基戰爭 （B.C. 218 ～ B.C. 201）	漢尼拔，坎尼埃之戰，札馬之戰

想睡覺時應該怎麼辦

有時候一拿起書本就會想睡覺。如果是考生，大概很少有人每天能有八個小時的睡眠時間。數年前曾流行一句「四上五落」的話，就是說如果每天睡五個小時就會落榜。

但是，像這樣縮短睡眠時間，對身體是不太好的。關於念書時間和睡眠時間的關係有一些難以想得通的東西。身體疲倦了，自然就會想睡覺，讓身體休息。因此，無論如何都會變得想睡覺。

　　要如何對抗睡魔呢？以前就有許多人實驗。古人「懸梁刺股」，在寒冬裡沖水、拿錐子扎自己的腳勉力苦讀。不過，像這樣傷害自己的身體，對以後的人生是不好的。據說德國詩人席勒在水桶中裝水，然後把腳浸在水中念書，席勒似乎因此而減短了壽命。因為頭寒腳暖有益健康，相反的，頭暖腳寒則絕對不利身體。那意味著冬天的暖氣太強也不太好。熱空氣在頭上，而腳下冰冷，所以對身體健康不好。儘管如此，若要維持頭寒腳暖而鑽進被窩裡去的話，就會因太舒服而睡著。這實在是一個傷腦筋的問題。也有人曾試著用沖冷水的方法，可是也沒有太大的效果。因為在沖冷水的當兒確實能令人清醒，然而過不了多久，身體逐漸暖和起來以後，就會變得愈來愈想睡覺。

如果真是想睡覺，人的身體是無法控制的。

　　持續喝咖啡的話，可能會把胃弄壞。如果把胃搞壞了，考試也會失敗。甚至倘若因而得了重病，反而得不償失。因此，這種方法不值得推薦。我想那意味著，與其要隨便削減睡眠時間，不如先將它設定在七個小時，或六個小時，不是比較好嗎？我還想出另外一個在想睡覺時讓自己保持清醒的方法，那就是以十五分鐘為限，閱讀文學作品。我喜歡西洋文學，經常向朋友和圖書館借閱，平時不要去讀，先放在書桌旁邊，想睡覺時才拿出來看。因為文學作品是有趣的東西，所以眼睛就會睜得大大的，然後數學之類的科目就可以很快地解開了。不

過，我也不願推薦這種方法，原因是你們是否有十五分鐘就一定能停止的堅強意志，如果埋首於小說的時間超過十五分鐘，就變成一點也不知道自己到底正在做什麼了。

還有一個方法，那就是想辦法適當地分配科目，看想睡覺時讀什麼，不想睡覺時讀什麼。例如，吃過飯後一個小時之內做數學的話，很容易變得想睡覺。道理很簡單，根據科學研究發現，當為了消化食物，血液流集在胃內時，想讓腦筋轉動得快是不可能的事。因此，飯後一個小時內盡可能做一些需要動手的工作，例如做作業。當手不停地動著的時候，比較起來較容易戰勝睡魔，一直坐著想困難的問題時，最容易想睡覺。

因此，飯後一個小時內，例如在十五分鐘或三十分

鐘之內，試著去背英文單字。然後，將社會科和生物科的內容整理成筆記，或者試著抄寫國文的文章。如果是數學，不要做困難的問題，複習一些能輕易完成的問題，像那種以前就會了，試著確認看看現在是否也還會的問題。這樣比較不會想睡覺。過了一個小時，食物逐漸被消化掉，這時候就可以做英文、數學、國文、物理、化學的計算題等這種困難的問題。如果再會有想睡覺的情況發生，這時會有點心神不定，那時再回頭做前面所提的需要動手的工作。這大概就成了和睡神戰鬥的念書方法吧！

最後，上床到睡著之前還有幾分鐘的時間，要好好利用這段時間。

假如是在冬天，除了要注意不要讓手凍著，這段時間還可以看看書或看看筆記，當然盡可能選擇又輕又好拿的。內容不太有趣、會令人想睡覺的科目，例如社會、化學、生物等，已經將內容整理過的比較好。不久，身體開始疲倦起來的話，就把書扔下，關掉電源開關，入睡。這段時間如能有效地利用就行了。

想睡覺時應該怎麼辦

有效利用清醒著的時間

如果你不太能夠縮短睡眠時間的話，所剩下的時間就和別人一樣了。假使想在同樣的時間內能夠得到更大的成果，盡量有效運用清醒著的時間就變成絕對必要的。事實上，將每天的努力集中在這段時間的人，比縮短睡眠更有效果。

回想一天當中，自己有沒有浪費醒著的時間呢？是否拖拖拉拉、一事無成地過完一天呢？大概每個人都會想起不少類似的事吧！譬如，是否坐上書桌之後就立刻開始

念書了呢？有沒有在解答問題時卻不知不覺面對著牆壁沉醉在「如果考上大學，我要這樣做、那樣做」這種捕風捉影的空想裡呢？一提起這些，假如有不少學生笑出來的話，似乎就表示大家都有類似的情形。空想如果變得過分，就是所謂的「白日夢」，大多數的考生好像有不少這種白日夢。花一個小時做白日夢，即使縮短一個小時的睡眠時間，也沒有什麼值得驕傲的。

再者，放學回家後，是否馬上坐下來念書呢？吃過晚飯之後，有多少時間和家人一起共享天倫之樂呢？只要可以愉快地談上十五分鐘，大概就可以趕快結束了。考試一開始迫近，吃過飯就一定要馬上上書桌。何況是

心不在焉地看著電視，又和兄弟姊妹、父母親及其他人喋喋不休閒聊個沒完沒了，對於考試的成績是不會有什麼幫助的。

還有，如何運用一堂課和一堂課之間的十分鐘呢？這些下課時間合計起來約有一個小時，所以每天的累積會形成極大的差距。這段時間的運用方式會依學校內氣氛的不同而完全不一樣。假如下課時間由走廊經過用功的學生的班級，教室會鴉雀無聲，幾乎不知道有沒有人在裡頭。若是不用功的學生的班級，則是吵雜不堪，有人在走廊上角力比賽，或跑來跑去，有人在教室裡無目的地、吧嗒吧嗒地走著，在走廊和門口到處有人警戒，一看到老師走近，就大聲喊著「來了！來了！」這大概是每個學校都

差不多的現象。因此，假如在下課休息時間經過走廊的話，就可以知道這所學校的素質程度了。

假使你是在接近前者的班級，要充分利用下課休息時間極其容易。只要能有效利用那十分鐘，任何科目都無妨。如果是在有後者傾向的班級時，不僅阻力大，也必須下功夫。由於周遭吵雜，做數學之類的問題，就不太能提高效率。在吵雜的地方要做單純的工作，那也最好是只要動手又不必太用腦筋的作業。所以可以記單字、寫單字卡，把所要背的東西整理成筆記。或者，做一些準備階段的工作，將該抄寫的東西由字典和書中挑選出來，畫上紅線這類的，則不管周遭如何吵雜都沒關

係。將這類單純的工作保留在下課休息時間做，然後可以把晚間安靜的時刻留給需要思考的科目。在晚間寂靜的時刻做太多單純的工作，也可以說是時間的分配不當吧！

可是，這也還有其他的困難。在不用功的學生多的班級，如果想在上課的空檔念書，就會有朋友的干擾介入。幾乎所有的人，其身旁的人想要達到比自己高的水準時，都會被一種想要扯後腿的情緒支配著，我們一定要對這種心理有所覺悟才行。所以，可能會出現像「喂！分秒必爭的好學生，你要考哪裡呀？」之類的嘲笑，我們一定要和這種嘲弄作精神上的戰鬥。不過假如抱著即使別人嘲笑也無所謂的使勁，連續奮鬥一個月，周圍的人的感受或許會有所變化。不久，其他人可能產生「那個傢伙正在

拚，我也不能再迷迷糊糊了」的心理，於是就會有模仿你的人一個接一個地出現，用功的人就會增多了。如果能湊兩個或個人，就可以組成一個讀書小組。不要想是別人在影響你，而是你在影響別人。

　　假使周遭的阻力大，我們也可以再想一個妥協方案來做。盡量不要給周圍太大的刺激，例如：翻開教科書，或者先將習題之中已經知道答案，只要再寫一點上去就做好了的地方留下，如果人家問起就說：「習題還沒做完」或「我擔心上課中被老師叫起來問，所以準備一下」，將這些部分很快地做完之後，繼續假裝好像還在做的樣子，閱讀那些前後的部分。假設到考試前還有時

　　有效利用清醒著的時間

間，就可以念一些雖然對考試沒有直接的用處，但有間接幫助的文學作品和其他的書。我想總是能夠想出辦法來克服的。

關於這點，我也想了很多不同的方法。一邊拿各種書來混亂別人的判斷，不久就能夠開始影響周圍的人了。

總之，閒聊是時間的損失。縱使被稱為「書呆子」也無所謂，該念書的時候是要念。要深信人有一技之長是最重要的，如果現在除了念書沒有其他的事可以做的話，以念書來使自己成為優秀人材是最好的生活方式。認為珍惜極短暫的時間用功念書的人是「書呆子」或「斤斤計較分數的人」的說法是不正確的。用功的結果，如果能使分數提高，未嘗不是一件好事。所謂「書呆子」或

「斤斤計較分數」，與其針對努力用功念書的人而言，不如應該是指一味地看重分數的人吧！一面偷看別人的分數，一面死命遮住自己的答案紙的上端，不讓人家看到分數，這種是卑鄙的行為。努力用功念書，結果會提高分數，但是能不把眼光局限於分數，就是一種了不起的態度了。那麼，是不是說不用功的人就不計較分數了呢？絕不是這樣。我見過各種學生，我知道斤斤計較分數，把考卷折起來不讓人家看到分數的反而是不用功的人較多。因此，最好把人家的批評視為嫉妒，不要放在心上。假設你把閒聊的時間用來努力念書，可以說是一種美好的形象。而且，周圍的人也逐漸認同這種形象的。

　　下課的時間、放學回家之後到開始念書為止的時間、晚飯後的聊天時間、看電視的時間，只要留意有效地運用這些時間，一天大概就能多出二個小時左右的時間。除此之外，還有另一個增加時間的方法。一般在念書和念書的空檔要有十分鐘或十五分鐘的休息，這是一般的常識，因為如果同一種東西讀了一個小時以上，效率就會降低。因此，為了要恢復疲勞非得休息不可。但是只要體力夠，就不需要這樣的休息。不過，要更換閱讀的科目。藉著變換閱讀科目，也可以當作一種休息。利用這種方法可以加強念書的密度。

　　例如，假定用一個小時練習數學，時間到了以後不要休息，繼續把單字抄在單字卡上，這個約做十五分鐘。

這段時間，手雖然在動，但是頭腦在休息。寫了十五分鐘的單字卡後就停止，然後開始念英文解釋。以這種方式輪流交替，不要停止，這樣一方面可以使疲倦的部位得到休息，一方面啟動其他的部位。不一定說因為要念書，就要經常使用身體的同一部位。每一科目或不同的內容，運用到的身體部位也有所差異。如果能夠高明地調整這些差異，就可以不需要休息。若是一直坐著，身體會累的話，那麼，可以在房間裡來回走動，或躺下來一面看筆記，一面念出聲來背誦。眼睛疲倦的時候，可以用比較大一點的字體。因此，沒有必要說累了就要休息，而是應該考慮讓身體疲累部位休息，使用另外的部位

才是。

　　這個方法要特別推薦給面臨學測的高中生。按照這種方法去做，可以逐漸增進集中力，能夠更專注於書本。而且能夠形成另一種有利的個性，就是能夠從一件事倏然轉移到另一件事上面。換句話說，能夠讓腦部的運作快速轉換。在各種意義來看，這是一件好事。

　　　有效利用清醒著的時間

怎樣讓不拿手的科目變得拿手

　　每個人都有不擅長的學科，而且對於不擅長的科目也很難變得喜歡。不擅長的科目如果是英文、數學、國文的話，實在是傷腦筋。不擅長的學科要怎麼念，然後才能變成喜歡的科目呢？這是念書最大的難題。對於這個難題沒有特效藥，但並不是說沒有克服的可能。

　　如果要想為什麼這些科目不拿手呢？大部分是因為這些學科的基礎不好的緣故。在小學或國中一、二年級

時，因為偷懶不用功，或是沒有遇到好老師等種種原因，使得基礎沒有打好，隨著學年的增加，就變得趕不上了。基礎不夠好，又要追趕新的進度，就這樣惡性循環，舊的基礎無法加強，新的內容也無法完全理解，考試分數當然就低，自然而然就變得害怕或不喜歡這些科目了。

想要使不擅長的科目變成拿手，只有一個辦法，那就是回溯到低年級，試著從不需要費勁就能做出來的部分開始，按照順序去解解看到目前的進度為止的所有題目。不可以認為這很容易就小看它，一定要確實地做到。例如，如果是高中二年級的學生就從國中一年級程度

的東西開始做做看。如果是國中二年級的學生就從小學

四、五年級程度的東西開始做做看。這樣子總會覺得好像

是被瞧不起的，令人感到難堪。但是，這只要兩、三個月

的時間，必須忍耐，盡可能試著早日做完看看。只要能渡

過這個階段，相信對你的幫助會讓你意想不到，也會讓你

達到一種前所未有的新境。

　　事實上，我也是這個方法的受益者，而且我也曾推

薦給許多人，也都有很好的成果。我曾經對幾何感到又害

怕又討厭，這種情形一直持續到高中二年級為止。我向數

學教師提起這個問題時，老師說：「因為你以前念鄉下的

中學，沒有把基礎打好，將國中一年級的東西重做看看

吧！」那個時候，我念的代數和微分、積分已經超過上課

的進度很多，所以多少有些自大的心理。可是老師卻要我從國中一年級學生的程度重新做起，真的感到好像被瞧不起似的，既慚愧又生氣。不過，我老老實實地照老師的忠告做了。從國中一年級學生程度的練習題開始，用兩、三個月的時間就和當時的進度銜接上了。那時的心境用語言無法形容，有一種豁然開朗般的感覺。從此以後，幾何問題也變得拿手，也產生了高度的自信。

現在想起來，這和從前立志練習輕功的人種下向日葵種子之後之每天飛過其上的傳說相似。撒下種子，發了芽時，不要小看這小小的芽兒，要以最大的努力來飛過其上。向日葵會很快地長大，雖然每天長的長度不顯

眼，但是兩、三個月以後就會有兩公尺高。這就樣，以最大的努力做輕易可以做得到的事，水準就會慢慢提高起來，於是在不知不覺當中，能力就會增長了。這種練習輕功的傳說，不知是真的還是捏造的，但是它碰觸到了本質的問題。我們要有飛過向日葵的芽的企圖，不要覺得慚愧，回溯到低年級，將那個階段開始到現階段的問題全部解過。這因為是從容易做的問題著手，所以不會花太多時間。

怎樣讓不拿手的科目變得拿手

與其複習三次不如預習一次

　　如果成績提高到某個程度以後，與其考慮升學的目標，不如先一直往前學習下去才是。上課之前先預習的話，能夠記得非常牢，幾乎不會忘記。而且，被老師問到也答得出來。聽了老師在課堂上講的內容，覺得這個也會那個也懂，就會增加自信，是件令人愉快的事，所以會變得愈來愈喜歡念書。況且，在預習當中可以清楚地知道哪些是不明白的地方，哪些部分含糊不清，藉由老師的說明

就會明白，因此不會有遺漏上課內容的情形發生。

　　和預習相比，上課之後才複習，效率就不會太好。即使複習了，但是發覺這裡聽漏了，那裡好像不太明白，而且也無法再得到說明。在含含糊糊的狀態下一知半解，所以根本無法牢記於心。上完課才複習對於念書而言，是被動的。而採取被動的姿動和採取積極主動的姿態，在提升能力的程度上就會出現截然不同的差異。

　　當然，我們必須把現在授課的水平和以前相比較愈來愈低落的實情考慮進去才行。如果授課的老師配合成績好的孩子的水平上課的話，成績差的孩子無法跟得上，就會吵鬧或吱吱喳喳，或產生不平衡的心理，這會使

得老師無論如何非得配合成績中下的學生上課不可。從前上國中和高中的人相當少，正因為如此，即使學習能力低下的人也比現在的程度高，因此，配合高水平的學生來上課也不會有什麼怨言。但是，這種教學方式已不可行。現代的教學方式是要求老師做到讓學生們得以有趣地學習、愉快地學習。這樣的話，上課的水平就不得不稍稍降低。

特別是像數學、英文、物理、化學等成績差的人很難跟得上的科目，假如想讓它有趣，就變得一定要反覆那些基礎的東西，這種傾向會強烈表現出來。這樣的話，會形成完全以教科書為主，超出教科書以外的東西則不去接觸的情形。但是數學和英語如果只是慢慢地將教科書念好，是無法使成績進步的。

因此，行有餘力之時，不停地前進學習就成了重要的工作。有了自信心的話，就再往前，我們會產生對高水準的東西挑戰的意願，這又會使得學習愉快。試著做高難度的問題，目前程度的問題就能迎刃而解。

　　不過，請不要驕傲自大，輕視上課。即使完全懂得上課的內容，也應該用心聽講，且隨時複習，難道在一百當中沒有一個自己所不會的嗎？若沒有這種謙虛、戒慎恐懼的心態，你所學的就會出現漏洞，考試時會不知不覺掉入陷阱當中。

不要被古怪的題目困惑住

在學生之間，常會遇到一些非常困難、一般人解不出來的問題。有人為了想解這種題目竟花費了幾十分鐘，更因解答不出那種題目而感受到自卑和絕望。在有關的教學性雜誌上也刊載了許多古怪的問題，而且也出現在各地的考題上，成為大家的話題。朋友、同學之間總是拿著這種題目問說：「喂，你會解這一題嗎？」「你懂得這一題嗎？」但是，即使絞盡腦汁都解答不出來，甚至翻爛了參

　　不要被古怪的題目困惑住

考書也查不出類似的解法。

　　因此，就有些人不由得會著急起來，認為以這種實力來參加考試，八成是沒指望了。讓這種情形搞得亂七八糟的國、高中學生似乎不少。任何地方都有只擅長這種古怪問題的人，他神氣的告訴你，「這種題目就是要這樣解答的」，然後表現出得意洋洋、不可一世的樣子。和這位同學相比之下，不由得令你感到自卑。我先針對這個現象向你提出忠告。

　　考試是以總分來決定。即使出現一、兩題古怪的、誰也做不出來的問題，只要其他的題目能答得出來，得到高分就可以了。太古怪的題目自己答不出來，別人一樣也答不出來。尤其是社會科、生物等科目，只要將大部分

教科書和參考書的內容牢牢記住的話，大概都能夠得到高分。若出現教科書和參考書上都沒有的問題時，只要想成題目出得不好，每個人也都和自己一樣不會答就好了。

　　實際上，我們知道站在出題者的立場而言，他們可以有各種理由來解釋為什麼會出那樣古怪的題目。在這裡我們不能說什麼，但是追根究柢，這是由於出題者的認識不夠而來的，並不是因為出題者的知識特別豐富、學力特別高，才會出這種每個人都不會作答的困難題目。而是因為他們沒有考慮到「高中生和國中生應該有什麼程度的學力」就出題的緣故。若是出題者人數較多的

　不要被古怪的題目困惑住

話，大概就不至於讓這種問題出現。我們一定要考慮那位
出題者的立場，因此有時明知那是不合理的題目也是無可
奈何。

不要被這些古怪的題目困惑住，念書還是該用正確
的方法，努力用功將標準型的問題逐漸變成自己的實力才
是。

那些蒐集古怪的題目來向朋友炫耀的學生，乍看之
下似乎非常高明，但是好像大都沒有什麼好下場。在任何
一個班上似乎都會有一、兩個這樣的學生，而且幾乎全是
失敗的。這種結果令人迷惑，不過，其原因也很明顯。可
能是他們把時間浪費在古怪的題目上，而疏忽了基本的問
題。古怪的題目通常只會出現一次，而且事後會受到批

評，所以不會出現第二次。因此，強記答案也沒有用。和這種情形正好相反，基本的問題才是考試的重點，畢竟國中、高中階段只是基礎教育。認清這種情況，不要在意這些古怪的題目。

考前的注意事項

　　考期一逼近，首先得留意不要生病，要衡量自己的身體情況來用功。因此，比較理想的情況是平日多用功，隨著考期的接近，多少放鬆一些步調。

　　到了考試的前幾天，就不要再為做較難的題目而傷腦筋。只要兩、三分鐘之內還不會做的問題就立刻看解答，然後將解答記住即可。盡可能將至今讀過的東西從頭到尾重新複習幾次。到了這個時候，用手寫得浪費時間，所以盡量不動筆，只有將還含糊不清的東西試著稍微寫寫

考前的注意事項

看。要反覆去看所有標準型的問題。

入學考試之前有必要先熟悉一下環境，應該在前一天先去看考場。考試當天要早一些到達考場，如果遲到了，容易造成情緒不穩定，無法發揮實力。更糟的是甚至可能被監考員拒絕入場，數年的努力豈不就付諸流水。這似乎是很明顯的道理，但是每年似乎還是有很多人遲到。

大家都說在考前五分鐘或十分鐘所看的東西，很奇怪考試都不會出來。確實是這樣。儘管如此，這段時間還是可以善加利用。這時只要將自己整理過的筆記迅速地跳著看過去，或者將事先就已經整理好的薄的參考書之類的，整本跳著看過去即可。

終於坐在考場上，考卷發下來時，有些人就是無法

使心情平靜下來，一顆心七上八下。因此有些平常就會的東西竟然答不出來，或是弄錯加法和減法，或是看錯題目等。這已經不是實力的問題了，而是精神力量會決定一切。那麼這時的對策是什麼呢？總不能到了這種地步才叫他去學禪的修行吧！沒有任何一種絕對的妙方。雖然如此，多少還是有一點辦法的。

我向人家推薦而且被公認有效的方法是上廁所，以及閉上眼睛，端正坐姿，反覆深呼吸。這些方法也不是我想出來的，仍然是受教於某位學長或老師。因此，在某種意義上這些方法可以說是亙古即有的智慧。而且要將不幸落榜的不安置之不理，要有人生久長，還有很多事

情可以做的膽量。另一方面，要不斷反覆地暗示自己，堅

持到最後總會有辦法解答出來，沒有解答不出來的道理。

我想，這些大概就是使心情穩定下來的方法。

考前的注意事項

考試時的注意事項

　　一打開考卷，一定要先核對准考證號碼。一旦發現錯誤，趕快向監考人員反應，否則，努力應試的結果，填寫的卻是別人的試卷，豈不冤枉。所以，首先什麼都不要想，先將印有准考證號碼的地方全部核對過，然後才看題目。

　　解答問題不要從頭開始寫起。要從頭到尾很快地將題目看一遍，將不必想也答得出來的題目，需要用一點腦筋才答得出來的問題，以及絞盡腦汁也答不出來的題目分

類。首先先解決不必思考也答得出來的問題。從會做的題目寫下去，最重要的是力求完善，要注意解答的正確性。因為原本會做的題目卻因想錯、看錯題目或計算錯誤而拿不到分數的話，實在是一件荒唐的事。

接著再做需要用腦筋才會答的題目。這時候，不要因為題目看起來很難的樣子就嚇了一大跳，要抱著總會有辦法解答的，如果我答不出來的話，別人也答不出來的心情，鼓起精神來做。如果想了五分鐘還找不出眉目時，就移到下一題，這樣子就能解答出任何一個問題。如果一個題目就花掉十五或二十分鐘，時間就會不夠。

最後只留下無論如何也答不出

來的題目。雖然要絞盡腦汁，也要設法堅持到底。假如是數學和物理的計算問題，怎麼也解答不出來時，到了最後的十分鐘，就應該放棄。回過頭將已經答過的題目重新檢查或重新驗算一次，以力求完善。誰敢擔保你在看題目或計算時沒有發生任何錯誤，而重新驗算或重新檢查的時候，正好可以提供我們發現錯誤的機會，以利我們重新改正。所以，重新檢查或驗算是絕對必要的，而且，應該不只一次，有時間的話，應該是二次、三次都可以。

我也在參加大學入學考試時，遇到過一題求在Y軸上的點座標的題目，由於題目極為簡單而不把它放在眼裡，就將答案草率寫下。但正確的答案卻是另外一個。這個題目是連國中生都知道的常識，而錯誤竟然發生在對高等數

學有絕對自信的我的身上，在反覆檢討好幾次之後，對自己輕易地犯下錯誤，感到愚蠢至極，即使在今天回想起來仍覺得慚愧，心中很不是滋味。這種感覺大概每個人都會有。因此，在答題時一定要慎重，不要犯了草率的毛病，否則後悔也於事無補。

　　不管如何，考試是競爭的，是現實的。或許大多數人都不會做困難的題目，所以重新檢查或驗算會做的題目，會增加補救錯誤的可能性，可以因及時改正而提高分數。反之，即使是答得出困難題目的人，若是輕易犯下前面所提過的小錯誤，使得成績反而降低了。因此，要徹底檢討會做的題目，然後再次竭盡最後的努力去做

剩下來還沒有做的題目就可以了。

　　還有，在考場上不要在意別人的舉動。考場上有說話說得好像很聰明的人，也有很快交出答案卷、迅速離開考場的人。看到這種情形而膽怯退縮、信心動搖的人很多，不可以在意這個。那種人大都是考不上的。他們並不是因為會做所以早交卷，幾乎全是因為答不出來才早早交卷的。也有極少數人是會做所以提早交卷。但是，有時候雖然會做，卻到處犯下小錯誤，結果成績並沒有那麼理想。假使有答題迅速且完善，縱然不檢討驗算也能通過的人，那一定是天才。我們不必把這種天才型的人列為競爭對象，我們是在與中上水準的競爭而已。不要在意別人的舉動，要以自己的步調行事。

還有，也有人會在意像監考官站在自己身邊或看著答案這類情形。於是就胡思亂想，以為自己所寫的答案錯誤，所以監考官才注意看的，因而精神緊張，反而答不出來。也不必在意這種狀況。擔任監考工作的人只是被邀請來監考，由出題者和熟悉那個科目的人來擔任監考的機率大概連十分之一都沒有。高中入學考試也是如此，而大學入學考試，機率愈低。到了大學，幾乎大部分的人都不會對別人的專攻範疇多加關心，因此監考者不會對你會不會作答加以關心的。假使監考者在看的話，也只是看看准考證號碼有沒有錯誤，或是因為無聊、想東想西的，眼光正好向著那個方向而已。所以，監考

官的舉動完全不需要去注意。

　　還有一項是考場的溫度非常高時，對頭腦的活動機能不利。特別是在靠熱氣的一邊，或被毒辣的太陽照射時，更是明顯。那時要舉手說清礎，方為上策。監考官大概總會為你想辦法應付的。

考試時的注意事項

平日的努力才是重要

　　姑且不論入學考試，只要期中考、期末考、模擬考一結束，每個人都會鬆一口氣，在此時歇一會兒。原本打算喘一口氣的，卻變成喘兩口氣，最後優閒了好一段時日，這是人之常情。然而，這裡卻關係著將來能否成功的機會。要在別人休息的時候更加努力，不這樣的話，無法比他人優秀。再加上頭腦正因為考試而磨得非常靈光之後繼續用功，是相當能夠提高效率的。

　　我要建議的是，要從考試結束那天起，馬上開始用

功，不要歇下來。能夠遵守這項原則，就會有不一樣的進步。像這樣，沒有考試的時候拚命用功念書，面對考試時能保持從容鎮靜，對精神和身體都是最好的方法。

將競爭意識表現在
大場面，不是小地方

　　在人生中，就某種意義而言，一定會有競爭。社會
生活、運動、藝術全都如此，連念書的成果也無法擺脫競
爭的陰影。而且，在這個世界上，大概找不到沒有競爭意
識的人吧！

　　有趣的是，將競爭意識表現在小地方、斤斤計較的
人，面臨大場面的競爭時，會出人意外地驚慌失措，無法
發揮實力。反之，在大競賽中獲勝的人，是不會拘泥小地

方的。學習方面的競爭，應該要擺在大舞台上進行，是在全縣的學生、或是在全國的學生之中舉行的。因此，競爭的對手是在看不見的地方，並不在我們的身邊。自己的成績進步多少，這個成績在考試時能發揮到什麼程度，根據這些標準，自然會決定最後的勝利屬於誰。

　　玩弄策略來打敗朋友或扯後腿等都沒有什麼意義。不要在乎別人玩弄的小手段，一時的勝負並不代表什麼。就算說贏得某一個人，如果是因為那個人的成績退步而贏的話，並沒有意義。然而，有不少人往往拘泥於這種四周圍的小勝負。在發回已經批改過的考試卷時，有很多學生好像用搶的似的拿回考試卷，把有分數的

　　將競爭意識表現在大場面，不是小地方

地方折起來，只稍微打開一點點偷看分數。不讓別人看到自己的分數，卻又想要設法偷看別人的。即使看到他人的分數了又如何？總不會因此而提高自己的成績吧！不管是贏過或輸給身旁的同學，那都和大舞台上的勝負無關。決不可能只有那個同學來參加入學考試的吧！也不會因為有一、兩個那樣的同學考上了，你就會被擠下榜來呀！

　　入學考試是以達到某個分數者上榜，該分數以下者淘汰的方法進行，所以只要達到總分的標準就可以了。入學考試的競爭是以眼睛看不見的全國學生為對手而舉行的。因此，懷著與周圍朋友競爭的意識，相互懷有祕密是本末倒置的事，不能不說實在是小氣。也可以說因為在這種小地方用腦筋，所以愈來愈無法進步。換個立場來

說，在好的意義上，將身邊的朋友當作是競爭者是互相切磋琢磨的對象會比較好。不僅自己能夠因為這種良性競爭而進步，朋友一樣也能獲得進步。然後，彼此應該以讓我們在大競賽中獲勝的心情去交往、互相砥礪。在青少年時期交往這樣的朋友，不是對長遠的將來比較有利嗎？

更嚴重的情形是隱瞞自己知道的東西不教給別人，理由是因為教了別人的話自己是吃虧，這是奇怪的想法。考試並不是只有你和被你教的朋友兩個人參加考試而已。因此，我認為不必要如此小氣。況且，教別人會使自己還含糊不明的地方變得清晰明白，教過別人以後這些

問題大概絕對不會忘記，而且利用教別人的機會可以使自己的記憶更加可靠。教別人一次比自己背三次還更能記得住。前人就曾說過「教學相長」，正是這個道理。

當然，過分熱心教導別人也是對自己不利，因為會消磨掉太多的時間，但是一天之內如果有兩、三分鐘或四、五分鐘去教別人，不也是很好的事嗎？

也有些人為了讓朋友疏忽大意，在學校裡假裝都在玩，回家之後才拚命用功。如果有餘力玩的話，另當別論，如果不是這樣，那就太奇怪了。我們並不是只和班上的同學在競爭，而是和全國的學生作競爭，所以就算欺騙少數身邊的人，也無濟於事。總而言之，為了能有更大的進展，不要把精神、體力耗用在小地方比較要緊。

　將競爭意識表現在大場面，不是小地方

要決定選組時

　　將來進文科呢？還是要進理科呢？這也是重大的問題。這個問題關係著未來，常使人難以選擇，心境起伏不定，所以最好盡可能早日作好決定，減少猶疑不決的時間。不管如何決定，最重要的還是應該考慮自己的喜好，考慮自己拿手的科目，或者有時須以家庭情況作考量。

　　我想先提出忠告的只有一件事，那就是不要被當時的熱門科系所迷惑而盲目下決定。你會聽到許多不同的說法，例如文科已經不行了，或現在是理工科熱門，或這類

要決定選組時

公司的薪水高等等，不要把這些想得太嚴重。人世間變化無常，或許在今天被認為是好的職業，到了明天就沒有什麼了不起。原本覺得丟臉的職業，將來卻嶄露頭角，成為熱門的焦點。即使現在是文科的人找不到工作，而理工科的人卻不斷地為第一流企業所採用的時代，誰敢說將來不會出現即使理工科出身也無法居上位，或指使理工科的是文科的人的時代。

只憑這些仍然無法知道將來什麼東西會起什麼樣的變化。因此，在針對分組作種種考慮時，不要被正當熱門的科系所左右。

要決定選組時

讀書的意義

　　有時候在念書時，會被周圍的人說是「書呆子」、「斤斤計較分數的人」，總會讓你覺得臉上無光。但是，若是在乎這類嘲弄的話，會導致心神不寧，成績不會進步。

　　要是那樣的話，就應該想想看是不是不用功念書比較好？是不是不念書的人比較了不起？不念書的人正在做什麼呢？正熱中於運動嗎？正埋頭於藝術工作嗎？能夠這樣的人大概是極少數的。無論如何，如果能夠專心致力於

讀書的意義

某種事物的話，那就可以算是了不起的人了。不過，大多數的人不念書的時候總是虛擲光陰，或是心不在焉地看著電視、看漫畫，或是沉溺於電玩、在外面閒蕩著。這是不是了不起呢？當然不是，這只是在虛度人生而已，根本不是值得稱讚的事情。總而言之，好逸惡勞正是軟弱的人的證據。

假定向困難挑戰，為了戰勝它而燃起青春的熱情才是表示青春的理想形象的話，那麼對大多數的學生而言，現在應該挑戰的課題不是只有念書這回事嗎？也有的人說現在的學生必須經歷種種考試的難關，實在很可憐。但是，考試的競爭是從以前就有了的啊！如果想要找出古今的不同點，那只能說從前只是一小部分人在作激烈的

競爭，其餘的人充其量讀完小學就不再繼續念了，最多也只是職業學校畢業就去工作了。我認為與其不經過考試的難關，立刻就去工作，倒還不如再多念一點書比較好。

特別是腦力勞動正表現出人類和其他動物不同的地方。人類之所以有價值，最要緊的是人能思考。勞力的工作看起來似乎很了不得，但是勞心所耗費的精力遠比勞力要多出好幾倍。如果太用功念書，則經常會生氣。所謂「才子多病」，並不是說才子體弱，而是說用腦的話，就會變得常常生病，就是因為用了太多精力的緣故。換句話說，念書是在向人生最困難的工作進行挑

戰，如果正在挑戰的事值得驕傲的話，就具有價值了。

　　國中、高中階段念書所得到的知識，長大成人之後可能幾乎全部會忘記，對實際的生活也幾乎完全沒有幫助。即使如此，也不可以說念書是沒有意義的。在青少年時代，讓頭腦轉得快的經驗，讓頭腦用於各種不同的學科，為了完成某一件事情，竭盡全力所努力的痕跡，這種對事努力、凡事努力的能力是很重要的。一旦這種能力經過開發，對將來解決實際生活上一個時期一個時期必須面對的問題時，可以提供最大的助益。

　　人若習慣了容易的事，就會逐漸喪失向困難挑戰的鬥志。從困難的事情著手，再慢慢地轉換成比較輕鬆的事情是很容易的，隨時都可以變換。所以，在年輕且精力

充沛的時候，不要懼怕向困難的事情挑戰，等到年紀大了，體力衰弱時，才逐漸向輕鬆的方向，應該會比較好些。這意味著青少年時代還是努力用功念書是正確的作法。

儘管如此，還是有人不喜歡念書，還是認為遊玩比較好。但是，我們不妨想想看，等將來這些人結了婚，生了小孩，小孩逐漸長大以後，就會被孩子瞧不起，說我的父母親不行，什麼都不知道。到了這個時候，就算後悔也已經來不及了。縱然青少年時期所學的知識忘記了。也還會留下曾經努力過來的痕跡，那種事情孩子也會敏感地辨別清楚。至少為了不讓孩子瞧不起，

還是應該多讀書，把書念好。

在本書中我只極力主張用功念書，但是，並不是說除了念書之外不可以做任何運動，或是念書是人生的全部。我們不僅有必要在中午休息時間或念書的空檔，將身體動一動，除了有休息的功效之外，還兼具轉換心情的作用。而且，為了不至於成為「弱不禁風的白面書生」，也一定要考慮培養體力。在運動的時候，就全心全力的去運動。而應該讀書的時候，也要全力的投入。總之，不要拖拖拉拉，不管做什麼事都要盡全力去做，這才像是青少年的生活方式。諺語說：「連獅子捉兔子都要盡全力」，不管怎樣，對於自己應該做的事情，就要竭盡全力努力去做。

還有，只有念書並不是人生的全部。即使書念得好，如果只會炫耀知識、學歷，則會種下失敗的根源，因為那只是迷戀於過去的成就，而捨棄掉下一個努力。人生的成敗有各種不同的因素，即使曾經是資優生，也不一定保證將來就會成功。因此，不努力用功念書是不正確的。人生的成功與不成功，牽涉到機運，也與世界的潮流和其他各種因素密切的相關，這個問題不是本書要討論的範圍。總而言之，在國中、高中期間，可以說除了專心致力於提高學力之外，沒有其他的事了。

國家圖書館出版品預行編目資料

有效的讀書方法／小林良彰著；陳麗惠譯；
　　蔡嘉驊圖. --二版. --台北市：幼獅，
　　2008.04
　　　　面；　　公分. --（智慧文庫）
　　ISBN 978-957-574-700-8（平裝）
　　1.讀書法 2.閱讀指導

019　　　　　　　　　　　　97004374

・智慧文庫・
有效的讀書方法

作　　　者＝小林良彰
譯　　　者＝陳麗惠
出 版 者＝幼獅文化事業股份有限公司
發 行 人＝李鍾桂
總 經 理＝廖翰聲
總 編 輯＝劉淑華
主　　　編＝林泊瑜
編　　　輯＝周雅娣
美術編輯＝裴蕙琴
總 公 司＝10045台北市重慶南路1段66-1號3樓
電　　　話＝(02)2311-2836
傳　　　真＝(02)2311-5368
郵政劃撥＝00033368

門市

●松江展示中心：10422台北市松江路219號
　電話：(02)2502-5858轉734　傳真：(02)2503-6601
●苗栗育達店：36143苗栗縣造橋鄉談文村學府路168號（育達商業科技大學內）
　電話：(037)652-191　傳真：(037)652-251

印　　　刷＝崇寶彩藝印刷股份有限公司
定　　　價＝200元
港　　　幣＝67元
二　　　版＝2008.04　三　　刷＝2009.12
書　　　號＝954202

幼獅樂讀網
http://www.youth.com.tw
e-mail:customer@youth.com.tw

幼獅文化公司／讀者服務卡／

感謝您購買幼獅公司出版的好書！
為提升服務品質與出版更優質的圖書，敬請撥冗填寫後（免貼郵票）擲寄本公司，或傳真
（傳真電話02-23115368），我們將參考您的意見、分享您的觀點，出版更多的好書。並
不定期提供您相關書訊、活動、特惠專案等。謝謝！

基本資料

姓名：..先生／小姐

婚姻狀況：□已婚 □未婚　職業：　□學生 □公教 □上班族 □家管 □其他

出生：民國................年................月................日

電話：（公）..................（宅）..................（手機）..................

e-mail：..

聯絡地址：..

1.您所購買的書名：　**有效的讀書方法**

2.您通常以何種方式購書?：□1.書店買書　□2.網路購書　□3.傳真訂購　□4.郵局劃撥
　　　　　　（可複選）　　□5.幼獅門市　□6.團體訂購　□7.其他

3.您是否曾買過幼獅其他出版品：□是，□1.圖書　□2.幼獅文藝　□3.幼獅少年
　　　　　　　　　　　　　　　□否

4.您從何處得知本書訊息：□1.師長介紹　□2.朋友介紹　□3.幼獅少年雜誌
　　　　　　（可複選）　　□4.幼獅文藝雜誌 □5.報章雜誌書評介紹................報
　　　　　　　　　　　　□6.DM傳單、海報　□7.書店　□8.廣播(　　　　　　　　)
　　　　　　　　　　　　□9.電子報、edm　□10.其他................

5.您喜歡本書的原因：□1.作者　□2.書名　□3.內容　□4.封面設計　□5.其他

6.您不喜歡本書的原因：□1.作者　□2.書名　□3.內容　□4.封面設計　□5.其他

7.您希望得知的出版訊息：□1.青少年讀物　□2.兒童讀物　□3.親子叢書
　　　　　　　　　　　　□4.教師充電系列　□5.其他

8.您覺得本書的價格：□1.偏高　□2.合理　□3.偏低

9.讀完本書後您覺得：□1.很有收穫　□2.有收穫　□3.收穫不多　□4.沒收穫

10.敬請推薦親友，共同加入我們的閱讀計畫，我們將適時寄送相關書訊，以豐富書香與心
　　靈的空間：
(1)姓名................e-mail................電話................
(2)姓名................e-mail................電話................
(3)姓名................e-mail................電話................

11.您對本書或本公司的建議：

10045　台北市重慶南路一段66-1號3樓

幼獅文化事業股份有限公司 收

客服專線：02-23112836分機208　　傳真：02-23115368

e-mail：customer@youth.com.tw

幼獅樂讀網http://www.youth.com.tw